Paris Gardens

Introduction

パリの石畳の通りから、アパルトマンの内側へ入ると
シックな街並から一転して、目の前に広がる
いきいきとした緑の植物たちと、色とりどりの花。
ここは、パリジェンヌたちの「秘密の庭」です。

パリのガーデナーにとって、愛情たっぷりに育てた
緑のお庭は、もうひとつのサロン。
ガーデンテーブルで、お茶を楽しんだり
子どもたちは自由に遊び、お昼寝をしたりして
太陽の下、リラックスした時間を過ごします。
そして夜には、大きな木にランタンを吊るし
アペリティフやディナーをするのも、素敵。
パリジェンヌは、暮らしを楽しむのが本当に上手です。

そしてキッチンガーデンで、野菜やハーブを育てたり
土づくりに欠かせない、コンポストを設けたりして
自然を、より身近に取り入れようとしている
パリのグリーンフィンガーたちにも、
今回のお庭めぐりで、出会うことができました。

お庭は、ささやかな日々のよろこびを、
より豊かなものにしてくれる、大切な場所。
パリ・スタイルのお庭時間を楽しんでみませんか？

ジュウ・ドゥ・ポゥム

Laetitia Bertrand & Nicolas Laarman

Contents

Stefania di Petrillo & Godefroy de Virieu ···6
ステファニア・ジ・ペトリヨ&ゴッドフロイ・ドゥ・ヴィリユー
designer de Variopinto & co-fondateur, directeur artistique de Bacsac
「ヴァリオパントゥ」デザイナー&「バックサック」設立者、アートディレクター

Marianne Barcilon ···14
マリアンヌ・バルシロン
illustratrice　イラストレーター

Mathilde Eudes & Michel Poivert ···22
マチルド・ウード&ミシェル・ポワヴェール
architecte d'intérieur & professeur, auteur　内装建築家&教授、作家

David Jeanneret ···28
ダヴィッド・ジャンヌレ
jardinier, fondateur Les Mauvaises Graines　「レ・ムーヴェーズ・グレンヌ」ガーデナー

Mélanie Philouze & Nicolas Sandoz ···36
メラニー・フィルーズ&ニコラ・サンドゥーズ
fondatrice de Mes Premiers Chaussons & designer
「メ・プルミエ・ショーソン」クリエーター&デザイナー

Guillemette Schlegel ···42
ギルメット・シュレーゲル
stylist, art directeur　スタイリスト、アートディレクター

Laetitia Bertrand & Nicolas Laarman ···46
レティシア・ベルトラン&ニコラ・ラーアモン
designer de La Cocotte & architecte　「ラ・ココット」デザイナー&建築家

Carole Cracknell ···52
キャロル・クラックネル
loueur saisonnier　アパルトマン・オーナー

Julie & Darius Haminsky ························· 56
ジュリー＆ダリウス・アミンスキー
sculpteurs　彫刻家

Laure Djourado & Colin Kramer ··················· 60
ロール・ジューラドゥ＆コラン・クラメール
artiste & ingénieur industriel　アーティスト＆エンジニア

Marie-Pierre Genest ····························· 66
マリー＝ピエール・ジュネスト
créatrice de Les Toiles Blanches　「レ・トワール・ブロンシュ」クリエーター

Lili Barbery-Coulon ····························· 72
リリ・バルベリー＝クロン
journaliste, blogueuse　ジャーナリスト、ブロガー

Marion Denizet & Hervé Zylberberg ·············· 76
マリオン・ドゥニーゼ＆エルヴェ・ジルベルベルグ
architecte & docteur　建築家＆医者

Alexandra Chevallereau ·························· 82
アレクサンドラ・シュバルロー
co-fondatrice, créatrice de Georges et Rosalie　「ジョルジュ・エ・ロザリー」デザイナー

Annabelle Brietzke & Yves-Marie Pinel ·········· 88
アナベル・ブリエッケ＆イヴ＝マリー・ピネル
graphiste & artiste　グラフィックデザイナー＆アーティスト

Adresses Parisiennes pour les Amoureux du Jardin ··· 94
ガーデニング好きのためのパリガイド

Stefania di Petrillo & Godefroy de Virieu

ステファニア・ジ・ペトリヨ&ゴッドフロイ・ドゥ・ヴィリユー

designer de Variopinto &
co-fondateur, directeur artistique de Bacsac

「ヴァリオパントゥ」デザイナー&「バックサック」設立者、アートディレクター

バッグ型プランターで、もっと自由にガーデニング

パンテオンに、ガラス張りのカルチエ現代美術財団、そしてエッフェル塔も少しだけ。素敵な眺めを楽しめるルーフテラスは、食器ブランド「ヴァリオパントゥ」デザイナーのステファニアと、布製プランター「バックサック」アートディレクターのゴッドフロイのお気に入りの場所です。ここは、ピカソやモディリアーニなどアーティストたちが多く暮らした、パリ14区。30年代に建てられたアパルトマンには、キッチンにつながる15㎡のバルコニーと、屋上に45㎡のテラスがあります。このふたつの空間を、植物でいっぱいにしているのが「バックサック」。持ち手がついた軽い布製のプランターは移動も簡単で、パリのような都市でのガーデニングにぴったりです。このプランターの生みの親でもあるゴッドフロイは、娘さんたちとガーデニングをする時間が好きという、やさしいパパ。ランジス市場まで出かけて苗を買ってきて、ひとつひとつの「バックサック」の中に、自然に近い形の組み合わせで寄せ植えを楽しんでいます。

ステファニアがデザインした「ヴァリオパントゥ」の食器。

「ボンポワン」とコラボレーションした限定デザイン。

パイナップル型のピッチャーは、ブラジルみやげ。

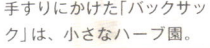

手すりにかけた「バックサック」は、小さなハーブ園。

ルーフテラスから、キッチンそばのバルコニーを見下ろしたところ。ガーデン家具は、のみの市でみつけたものばかり。典型的な30年代スタイルのテーブルに、「トリックス」のイスをあわせました。

日よけの役割も果たすトケイソウに、お花の季節がやってきました。

お気に入りの屋外用の「BKFチェア」に座って、読書するステファニア。

土木工事などに使われるジオテキスタイル製の「バックサック」。この素材からコレクションがスタートしました。

古材で作ったベンチに、軍用のスリーピングマットを敷いて。気候がよいと、週末のあいだずっと、この場所で過ごすことも。

コンポストの中で自然に育っていたじゃがいもは、思いがけないよろこび。

このお庭でテストをして、新しくコレクションに加わったコンポスト。

石畳の小道も「バックサック」を並べて、自然豊かな環境に。ゴッドフロイと仲間たちが設置しはじめたところ、いまでは「バックサッカー」たちが集まる場所になりました。

Marianne Barcilon

マリアンヌ・バルシロン
illustratrice　イラストレーター

アトリエにパヴィリオン、よろこびにあふれるお庭

パリ東部の郊外サンモール・デ・フォセに住んでいる、イラストレーターのマリアンヌ。マルヌ川に囲まれた、この街はまるで島のよう。マリアンヌたち家族は、住人しか入ってくることができない、静かなヴィラの中に建つ1924年築の一軒家に暮らしています。500㎡もある広々としたお庭には、野菜やハーブを育てるキッチンガーデンをはじめ、アプリコットや、フランボワーズ、さくらんぼ、そして樹齢200年になる洋梨など、実りの季節が楽しみな果樹がいろいろ。ミントグリーンが美しいガラス張りのパヴィリオンは、ご主人がデザインして、義理のお父さんが建ててくれた特別な空間。朝ごはんやおやつ、ディナーはもちろん、冬になってもバーベキューをするなど、いつでも戸外の空気を楽しむことができるようになりました。マリアンヌのもうひとつのよろこびは、ご主人がお庭の奥にアトリエを建ててくれたこと。緑に囲まれたアトリエで、毎朝8時から創作に取り組むことができることをしあわせに感じています。

Marianne, Lucile & Tristan

パヴィリオンのほうからやってきたのは9歳になる、ねこのサルディーヌ。

絵本作家として、たくさんの著書を発表しているマリアンヌの原画。

樹齢200年になる洋梨の木は、いまでもおいしい実をつけてくれます。マリアンヌたち一家の夏のお楽しみのひとつ。

まっ赤に色づいたフランボワーズ。

キッチンガーデンの木枠は、線路に使われていた木材をリサイクル。

壁に開いた穴は、仲よしのお隣さんとのあいだをつなぐ窓。

マリアンヌの創作ノートには、植物モチーフの
サンプルがたくさんコラージュされていました。

木の下で遊ぶルシールとサルディーヌ。ふかふかした
緑の芝生の上では、はだしが気持ちよさそう。

Mathilde Eudes & Michel Poivert

マチルド・ウード&ミシェル・ポワヴェール

architecte d'intérieur & professeur, auteur
内装建築家&教授、作家

植物たちの成長をやさしく見守る、バルコニールーム

内装建築家のマチルドと、近代アート史の教授で作家のミシェルが、ふたりの息子と大きなうさぎのルーと一緒に暮らす、モントルイユはさまざまなジャンルのアーティストが集まるカルチエ。もともと車庫だった場所に、建築から住人が参加できるコーポラティブハウスが建つという計画を知り、6年前に引っ越してきました。大きなガラス窓で室内とつながっているかのような12㎡のバルコニーには、家具も配置。マチルドのお仕事でもあるインテリアのデコレーションと、大好きなガーデニングの魅力がひとつになった空間は、まるで緑に囲まれたもうひとつのリビングのようです。帰宅すると、まずベンチに座って、コーヒーでひと息つきながら、植物を眺めるのが、いちばんのリラックスタイム。夜はテレビを見るかわりに、ガーデニングをして過ごします。すべて鉢植えなので、春は大きくなった植物たちの植え替えで大いそがし。日当たりがよく心地いい風が吹き抜けるバルコニーで、植物たちは元気に育っています。

うさぎのルーが植物をなんでも食べてしまうので、柱の上に空き缶を取り付けて、アイビーを植えました。

ボーダーのクッションは、子どもたちが小さなころに着ていたセーターのリメイク。

日差しが強すぎるときはリネンをかけて。

マンダリンの木やシダ、ベゴニアなど、差し木をして増やしている植物たち。

お友だちから分けてもらったベゴニアの一種。ポットカバーはTシャツのリメイク。

マチルドのお気に入りのコーナー。ベンチや飾り棚は、通りに捨てられていた鎧戸を素材に、リメイクしました。週末は、この場所に家族みんなが集まって、食事を楽しみます。

お料理上手なマチルドが用意したランチ。そば粉生地のベジタブル・キッシュとスープ。

ブラックベリージャム入りの自家製ヨーグルトと、マッシュルームのファルシー。

Michel, Max, Mathilde & Ferdinand

David Jeanneret

ダヴィッド・ジャンヌレ

jardinier, fondateur Les Mauvaises Graines
「レ・ムーヴェーズ・グレンヌ」ガーデナー

ワイルド&ナチュラル、情熱あふれるロックな庭

モードの世界で、アートディレクターとして活躍していたダヴィッドは、40歳になったときに、自分のこころの声に耳を傾けて、新しい人生に舵を切ることにしました。それは、おじいさんの影響で子どものころから親しんできたガーデニング。モンマルトルに花と緑のコンセプトストア「レ・ムーヴェーズ・グレンヌ」をオープンし、その近くに「秘密の庭」を持ちました。パリのまん中でワイルドな自然にあふれる、600㎡以上の広大な敷地を持つことができたのは、運命的だったというダヴィッド。創作のためのアトリエであり、実験室のような、この場所にさまざまな種類の植物を育てて、新しい庭づくりのためのインスピレーションを得ています。園内を自由に歩きまわる10羽のメンドリとミツバチたちも、自然豊かな環境にしてくれる大切な住人。ハーブ園にバンドの名前がつけられているのは、子どものころから大好きだったガーデニングとロックを結びつけた、ダヴィッドのパッションの証です。

近所から遊びにやってくるねこは、メンドリたちが気になる様子。

この緑のトンネルを抜けると、「秘密の庭」へと降りる階段があります。

仲間たちと一緒にワインを楽しんだあと、置き忘れていたカラフェとグラス。

ブロカントで見つけた看板を飾って。

木材を積み上げた壁面に、会社のイニシャルのロゴと鏡を飾って。鏡を置くと、お庭に広がりを感じさせてくれます。

ミツバチの巣箱を置いてみたところ、昨年は47キロものハチミツが採れました。

右手に建つ小屋は、メンドリたちのための快適なおうち。パリ市内ではオンドリを飼うことを禁じられているのだそう。

お店に出したり、クライアントのお庭へ届けたりするための植物たちが並ぶコーナー。

アイアンのベッドヘッドは、ブロカントでの掘り出し物。

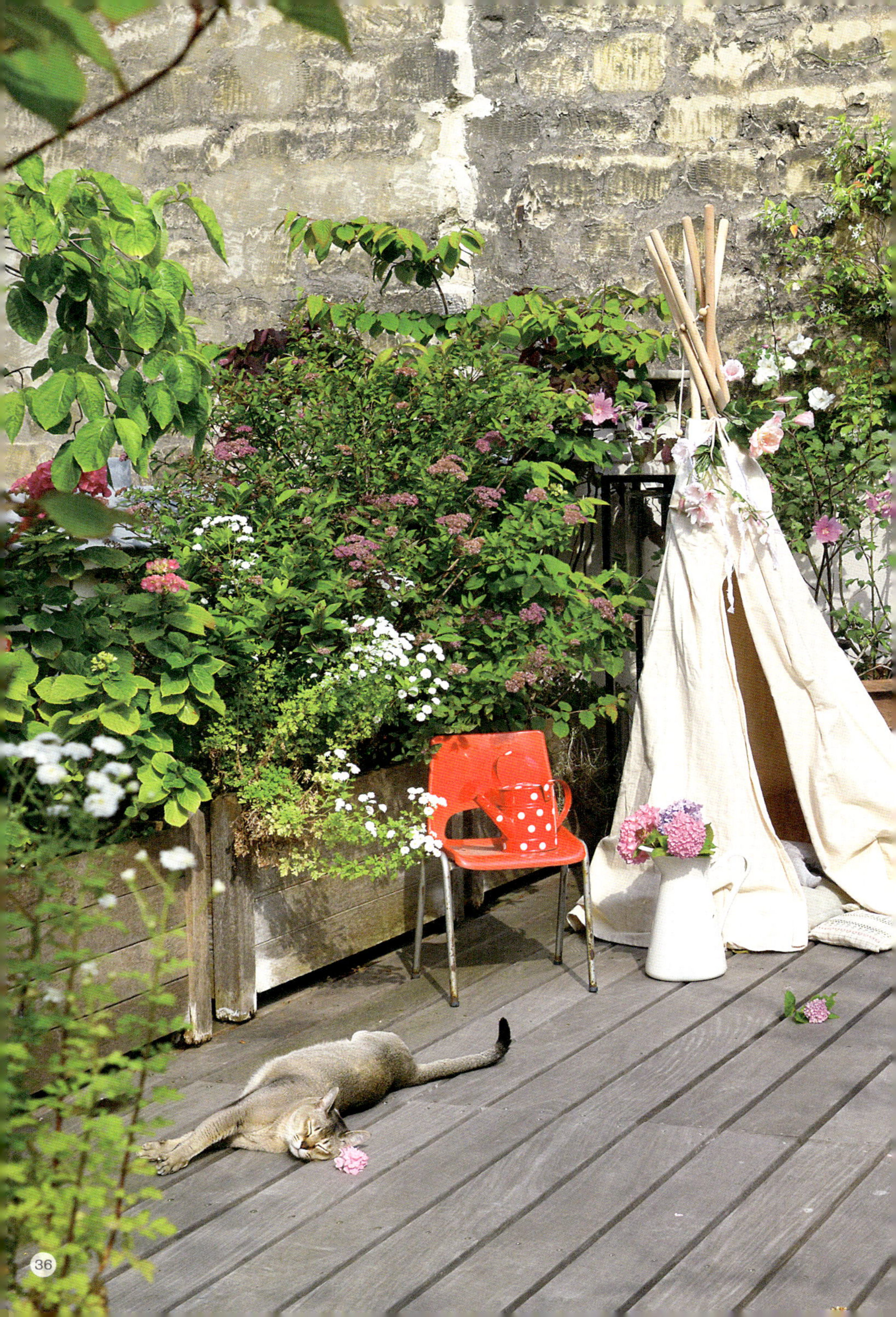

Mélanie Philouze & Nicolas Sandoz

メラニー・フィルーズ＆ニコラ・サンドゥーズ

fondatrice de Mes Premiers Chaussons & designer
「メ・プルミエ・ショーソン」クリエーター＆デザイナー

あじさいたちが迎える、ロマンチックな秘密の花園

ピンクに水色、そしてパープルと、色とりどりのあじさいが咲き誇るルーフテラス。自分のお庭で摘みとったお花でブーケを作るのは、なによりのぜいたくというメラニーは、赤ちゃん用のニットの靴のブランド「メ・プルミエ・ショーソン」を立ち上げたクリエーター。デザイナーとして活躍するご主人のニコラと、3歳になるルイーズ、そしてねこのクスクスだけが楽しむことができる、この秘密の花園は、もともとホテルだった建物をリフォームした3階建てのアパルトマンの屋上にあります。小さなころ、ガーデニング好きのお母さんに教わったことを思い出しながら、少しずつ庭づくりをしているメラニー。家族のお気に入りの植物の苗を手に入れて、自然のままに育てることを楽しんでいます。最近は、ルイーズもガーデニングに興味津々。水玉模様のじょうろを持って水やりをするのですが、いつも全身びしょ濡れにしてしまうので大さわぎ！それでも、じょうろを手放さないほど、植物たちのお世話を気に入っています。

Mélanie, Louise & Nicolas

ルイーズが生まれたときに、お母さんから譲られた編み棒がきっかけで、編み物をはじめたメラニー。

ルイーズが育てているラディッシュには、うさぎさんが隠れていました。

1階にある中庭では、友だちを招いて食事を楽しむことも。ショップ「キャラヴァン」で見つけたテーブルの上に、メラニーが作ったブーケを飾って。

太陽の光に気持ちよさそうに
目を細める、クスクス。

中庭には、ルイーズのはじめての自転車も。

メラニーがひとめぼれした、
うさぎのガーデン・オブジェ。

Guillemette Schlegel

ギルメット・シュレーゲル

stylist, art directeur　スタイリスト、アートディレクター

43

お気に入りに囲まれたテラスは、まるで自分自身のよう

スタイリストやアートディレクターとして活躍するギルメットは、パリ郊外のマラコフに暮らしています。5年前に、住まい兼オフィスを探していたときに、このお庭付きのアパルトマンを紹介されて、ひとめぼれ。お庭をもうひとつの部屋のように使いたかったというギルメット。自分自身でデザインを手がけ、友だちに手伝ってもらって作ったウッドデッキ・テラスには、フランスのアカシア材を使っています。日当たりを考えたり、木陰を作るようにしたり、植物のレイアウトでは10月末まで自然の循環を楽しむことができるように、さまざまな種類の草花や低木を取り入れました。ここに引っ越してきたときからあった、小さなバラの木もお庭の大切な一員。はじめてお花が咲いたときには、自分になついてくれたようで、とてもうれしかったそう。子ども時代を思い出すような不思議な魅力がある、このプライベートな空間で、本を読んだり、夢を見たり、ときにはお仕事をしたり、緑に囲まれた暮らしを楽しんでいます。

ベトナムから持ち帰ったバスケットや、キャンドルホルダーを並べて。

「フェルモブ」のイスの下から顔をのぞかせるのは、お隣から遊びにくる、ねこのテオ。

オレガノと多肉植物の寄せ植え。

セロリの葉っぱの下、まるで本物みたいなトカゲのオブジェにドッキリ。

Laetitia Bertrand & Nicolas Laarman

レティシア・ベルトラン&ニコラ・ラーアモン
designer de La Cocotte & architecte
「ラ・ココット」デザイナー&建築家

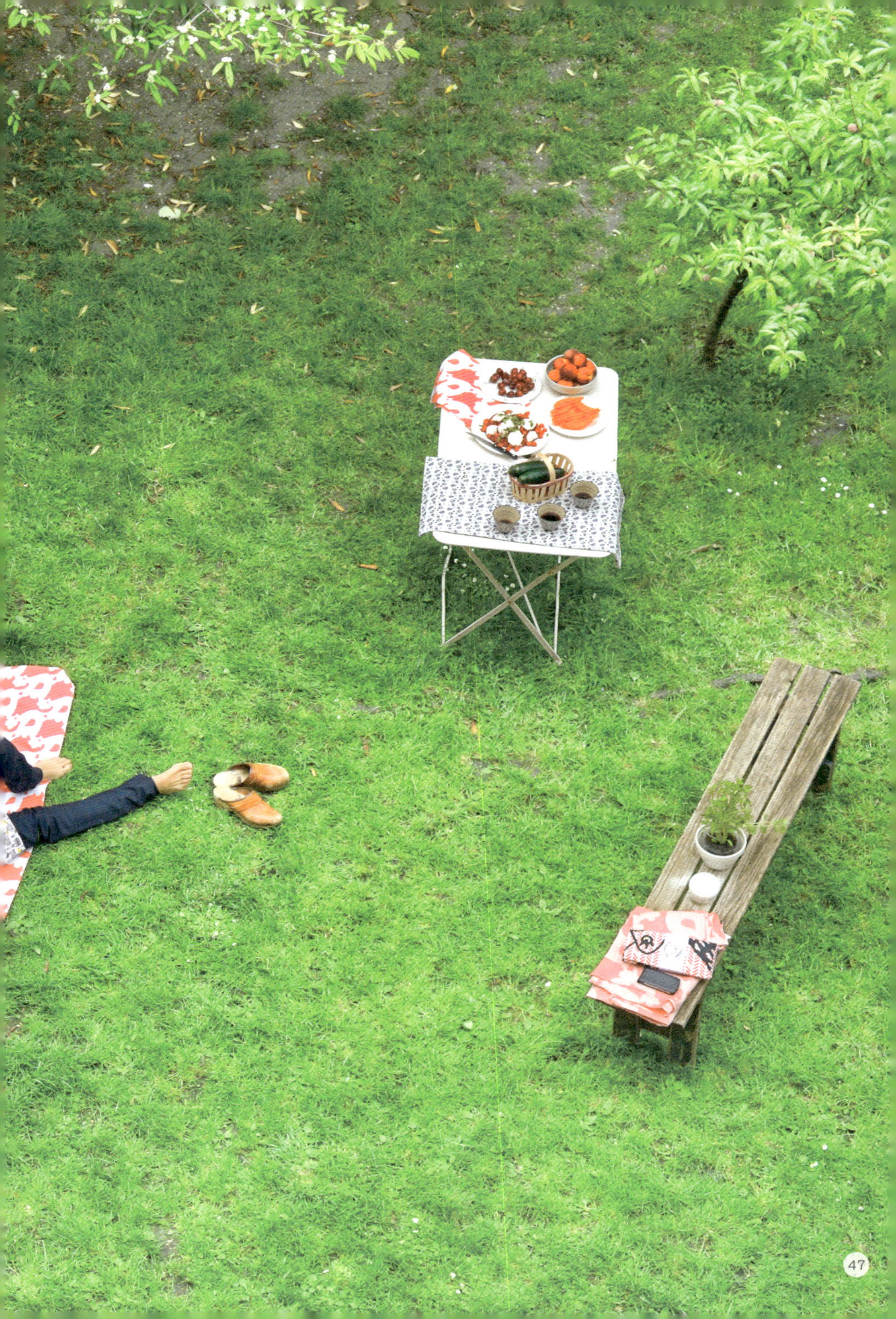

遊んで学んで、大きなお庭でのびのび育つ子どもたち

ピクニックやお昼寝など、お庭で過ごす時間が、大切なインスピレーションソースとというレティシア。友だちのアンドレアと一緒に立ち上げた「ラ・ココット」で、大人も子どもも「かわいい」とよろこぶインテリア雑貨をデザインしています。レティシアが、建築家として活躍するご主人のニコラと、3人の子どもたちと一緒に暮らすのはパリ19区のジョルダン。500㎡もある広々としたお庭は、5棟のアパルトマンの住人たちみんなのための憩いの場所です。一部はキッチンガーデンになっていて、レタスやトマト、いんげん豆など、たくさんの野菜が育てられています。学校から帰ってきた子どもたちは、雨が降っているとき以外はお庭で宿題をして、いとこや友だちと遊びます。レティシアも子どものときに同じようなアパルトマンに暮らしていたので、さまざまな年代の子たちと一緒に遊ぶことは、とてもいい経験だと感じています。自由や自然の味わいを知ることができるお庭は、子どもたちにとって素敵な教室なのです。

Avril, Gloria & Georges

レティシアが作ったボウルに、大好きな桃「ペッシュ・ドゥ・ヴィーニュ」を。

あたたかい季節になると、お庭でピクニックするのが、家族みんなのお楽しみ。

「ラ・ココット」オリジナルデザインの「シック・チック」柄トレー。

お庭の桃の木でも、果実が大きくなりはじめたころ。

4歳のグロリアちゃんは、お花を観察中。

10歳のジョルジュくんは、キッチンガーデンの水やりのお手伝いをしています。

あざやかな黄色のズッキーニの花。

51

Carole Cracknell

キャロル・クラックネル
loueur saisonnier　アパルトマン・オーナー

週末のリフレッシュは、中庭ガーデニングで

ブティックや雑貨屋さんなど、おしゃれなショップが多い北マレ地区。そんなにぎやかな街のまん中にも関わらず、ひっそりと隠れた小さな村のように落ち着いたエリアに暮らすキャロルは、ツーリスト向けアパルトマンのオーナー。このあたりはもともと修道院で、いまではその跡地にアパルトマンが並んでいます。1階のお部屋にはそれぞれプライベートのお庭がついていて、キャロルたち家族も25㎡のスペースで、ガーデニングを楽しんでいます。お庭の中でいちばんのお気に入りは、4月になるとそばを通る人たちも感激する、素敵な香りのライラック。ガーデニングは、ご主人のステファヌの担当。ここに引っ越してきてからはじめた趣味ですが、ご近所さんにアドバイスをもらったりして、庭づくりに夢中になっていきました。いまではお庭で過ごす時間がいちばんのリフレッシュ！ご近所さんたちとは顔なじみで、お互いのプライバシーを守りつつも、アペリティフに招待しあうなど、とてもいい関係を築いています。

お庭に面した窓には、ゼラニウムやラベンダー、セージ、タイムなどステファヌがお世話をしている鉢植えがずらり。

ローリエやスタージャスミンなどが寄せ植えされている大きな木製のプランターは、お庭の間仕切り。

マロンブラウンのガーデンテーブルとイスに、
ブルーのイスをミックスして。植物たちの緑に
あうシックな色あわせを楽しんでいます。

Julie & Darius Haminsky

ジュリー&ダリウス・アミンスキー

sculpteurs　彫刻家

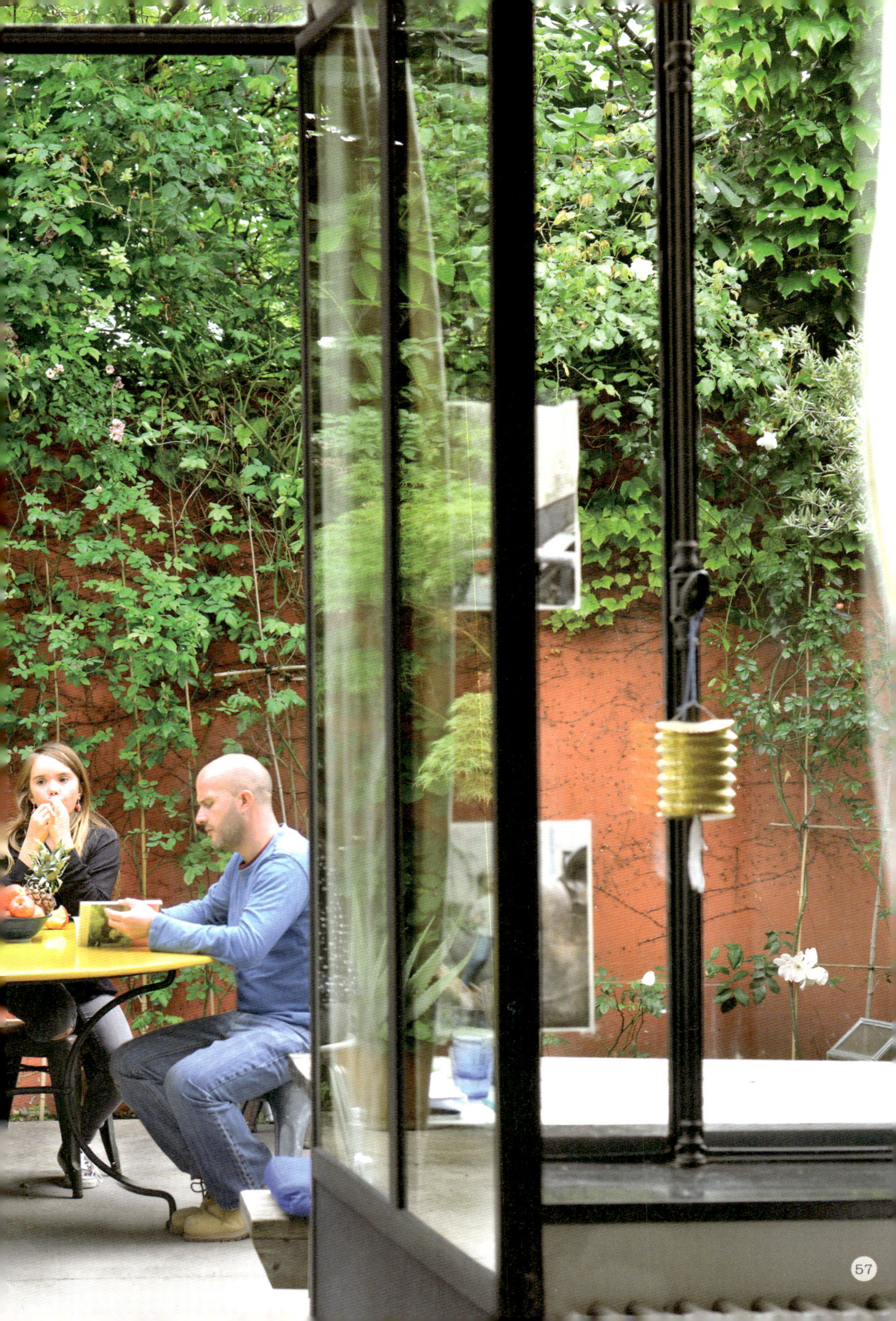

パリのテラスですくすく成長、メキシコ生まれのサボテン

ジュリーとダリウスは、金属を素材にした作品を発表している彫刻家。9歳になるセレーストと5歳のパロマ、そしてねこのパシャと一緒に、モントルイユに暮らしています。もともと印刷工場として使われていた、れんが造りのアパルトマンが、ジュリーたちの住まい兼アトリエ。壁一面がガラス窓になったオープンキッチンから、そのままお庭に出ることができます。60㎡あるお庭の中央に、家族みんなで囲むことができる黄色いテーブルを置いて、そのまわりにさまざまな植物をレイアウト。モントルイユのコミュニティーでは、5月に自分の育てた植物の苗の交換会があります。このイベントのほかに、ダリウスの出身地メキシコの砂漠からサボテンを持ち帰ってきて、少しずつ植物のバリエーションを増やしているふたり。ひとつひとつ異なる形が魅力的なサボテンに、テキーラの原料となるアガベなど、メキシコ生まれのエキゾチックな植物と、ヨーロッパらしいクラシカルな植物がミックスされたユニークな空間です。

Paloma, Céleste, Julie & Darius

オリーブの木にひっかかうた、おもちゃにじゃれて遊ぶパシャ。

はるばるメキシコからやってきた
サボテン・ブラザーズ。

Laure Djourado & Colin Kramer

ロール・ジューラドゥ&コラン・クラメール

artiste & ingénieur industriel　アーティスト&エンジニア

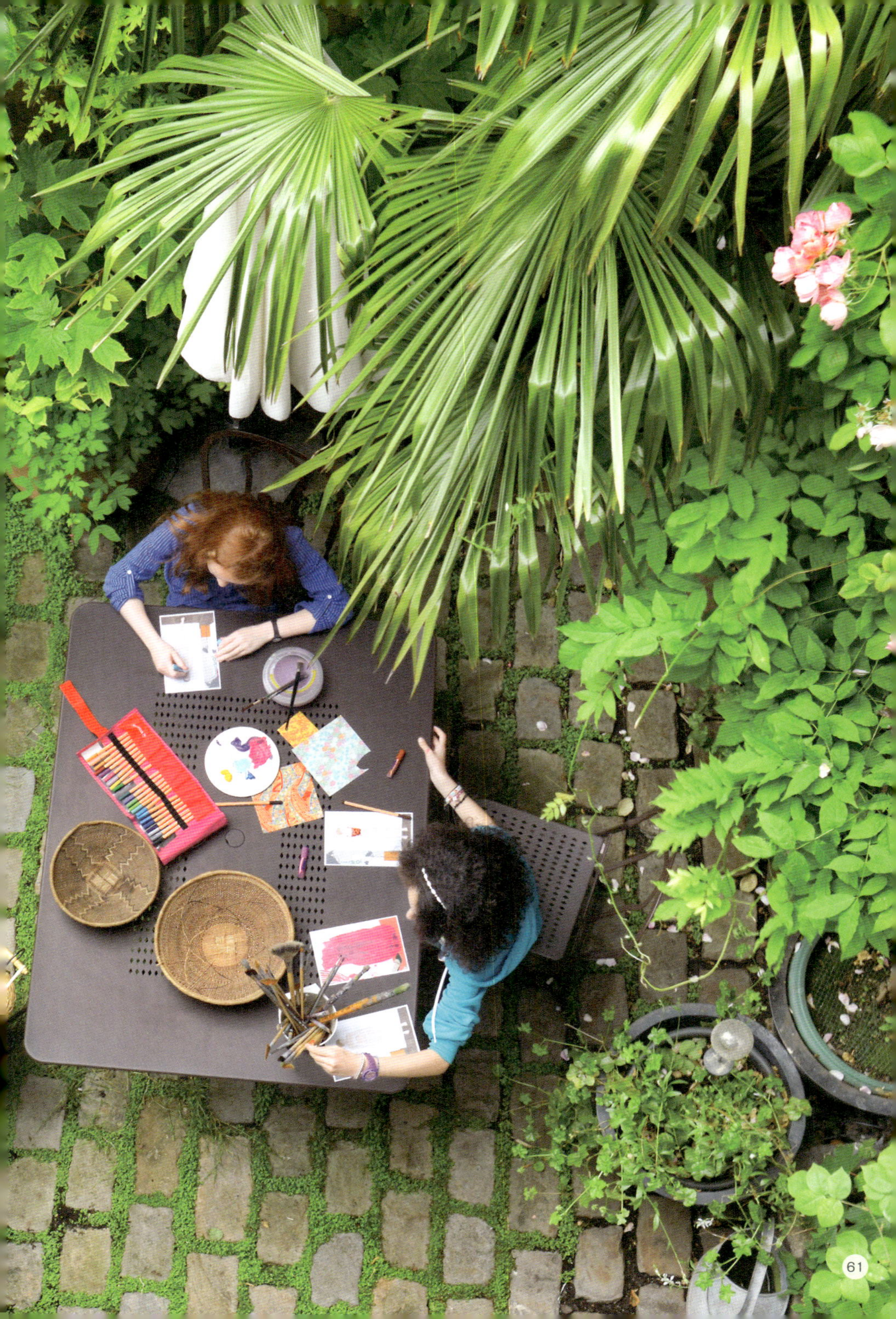

インスピレーションあふれる、緑豊かな楽園

かわいらしいお庭付きの一軒家が建ち並ぶパッサージュを歩いていると、パリにいることを忘れてしまいそう。オレンジ色の壁面に白い窓枠のプロヴァンス風の家が、アーティストのロールとエンジニアのコラン、そして11歳のカルラの住まいです。カラフルで大胆な構成の油彩画を発表するロールは、自宅のお庭にあるアトリエで、子ども向けのワークショップを開催しています。17年前にこの家と出会ったときは、ずっと誰も住んでいなかったので、お庭もまったくのほったらかしでした。あちこちにツタがからまって、ツゲの木の枝は伸び放題。それでも濃い緑色をした葉っぱが生い茂る様子に、素敵なお庭に変身する可能性を感じたそう。引っ越してきてからは、バラやぶどう、成長の早いヤシの木、あじさいなどを植えていき、いまでは見違えるようなお庭になりました。桜やカエデなど、季節ごとに繊細な表情を見せる日本の植物は、ロールのお気に入り。見て、触って、香りを楽しんで、そんな感覚的な体験ができるお庭です。

Laure, Carla & Colin

きれいなピンク色の「フェモブ」のテーブルに置いた、カラフルなボウルは南アフリカで見つけたもの。

アトリエの外に出した「イケア」のテーブルとイスは、カルラが友だちと一緒に遊ぶ場所。

アフリカのンデベレ族がハンドペイントした鉢に、ゼラニウムを植えて。

「スージー」という名前のオールドローズは、とてもいい香り。咲きはじめは黄色で、だんだんとピンクに色が変わります。

のみの市で見つけた脚付きガラスボウルに、チェリーを盛って。

カルラが3歳のときに買ってあげた、おもちゃの乳母車はいま、ねこたちのお昼寝場所になっています。

お仕事や学校がない週末は、お庭で過ごすのに理想的。早起きのコランは植物たちの手入れを終えると、ポットにたっぷりお茶を入れて、お庭でひといき。そこに家族みんなが集まって、楽しいティータイムを過ごします。

Marie-Pierre Genest

マリー＝ピエール・ジュネスト

créatrice de Les Toiles Blanches 「レ・ドワール・ブロンシュ」クリエーター

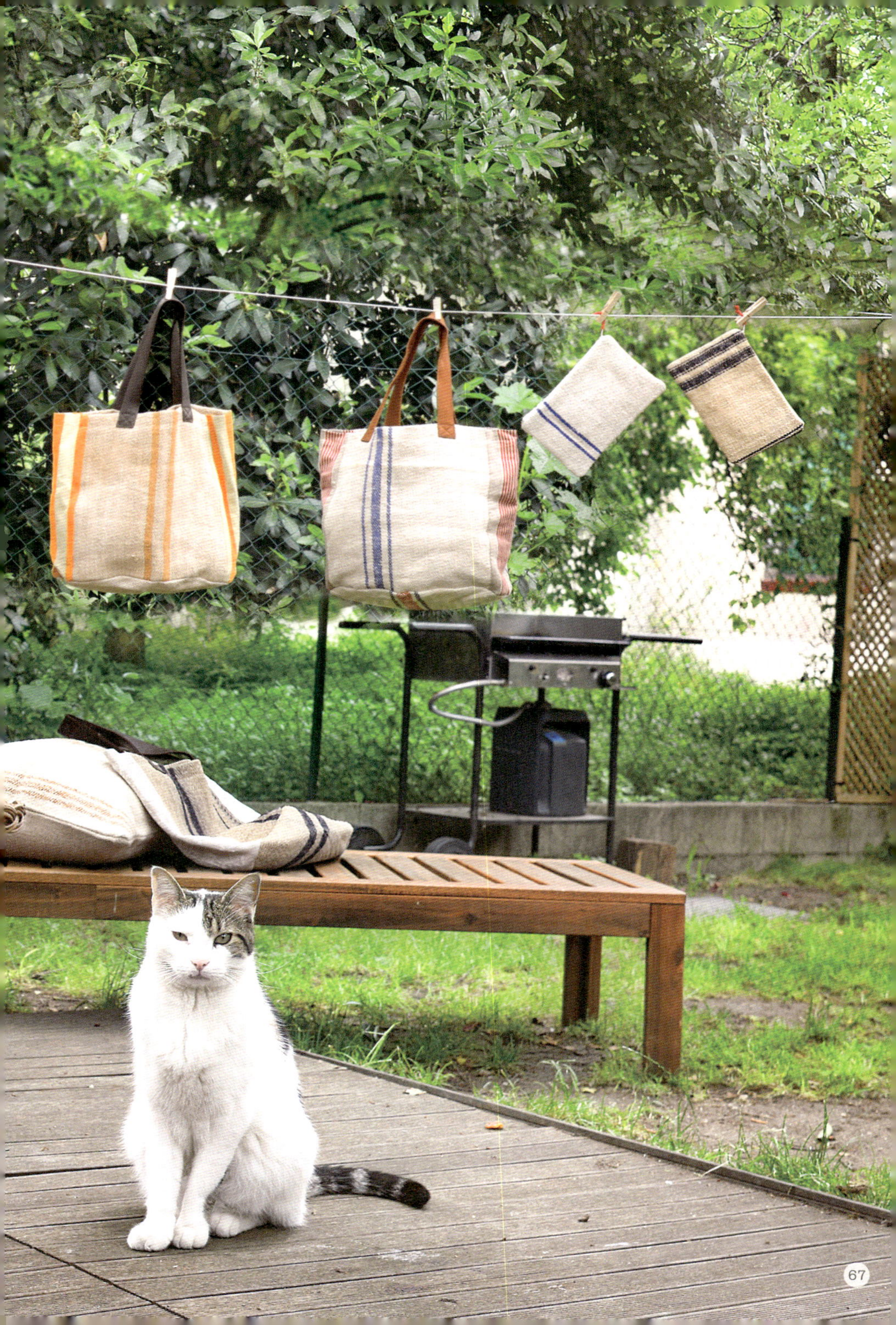

ボヘミアンな魅力あふれる、アトリエ・ガーデン

ひいおばあさんから譲り受けた、すばらしいヴィンテージ・リネンがインスピレーションソースになって、古いリネンをリメイクしたアクセサリーや子ども服を発表しているマリー＝ピエール。パリ郊外サン・ウーアンにある、30年代に建てられた、れんが造りの一軒家に、家族4人で暮らしています。9歳になるガスパールが生まれるときに、子どもがのびのびと遊ぶことができる環境を求めて引っ越してきましたが、彼女のブランド「レ・トワール・ブロンシュ」にとっても、このお庭は大切な存在。大判のリネンを洗ったり染色したり、それを干しておいたり、お庭があるこそ実現できた作業もいろいろ。気候がよくなると、家族はみんなお庭へ。ハニーサックルやジャスミン、バラなどの香りを感じながら、マリー＝ピエールは外に出したテーブルで制作をしたり、ハンモックでひとやすみしたり。そして子どもたちは、芝生の上でサッカーをするのが大好き。お食事やお仕事など、いままで室内でしていたことをすべて、お庭で楽しむのです。

中央ヨーロッパで使われていたヴィンテージの穀物袋を使ったバッグ。使いやすさにこだわって、マチもしっかりあるので、たっぷり入ります。

「レ・トワール・ブロンシュ」のお人形はすべて一点物。

かわいがっている自生のお花。

「ナポレオン」という品種のチェリー。

「アンセルム」と名付けた、ねこ型クッション。

ねこのミルーは、甘えん坊の男の子。家族の末っ子のような気分でいるようです。

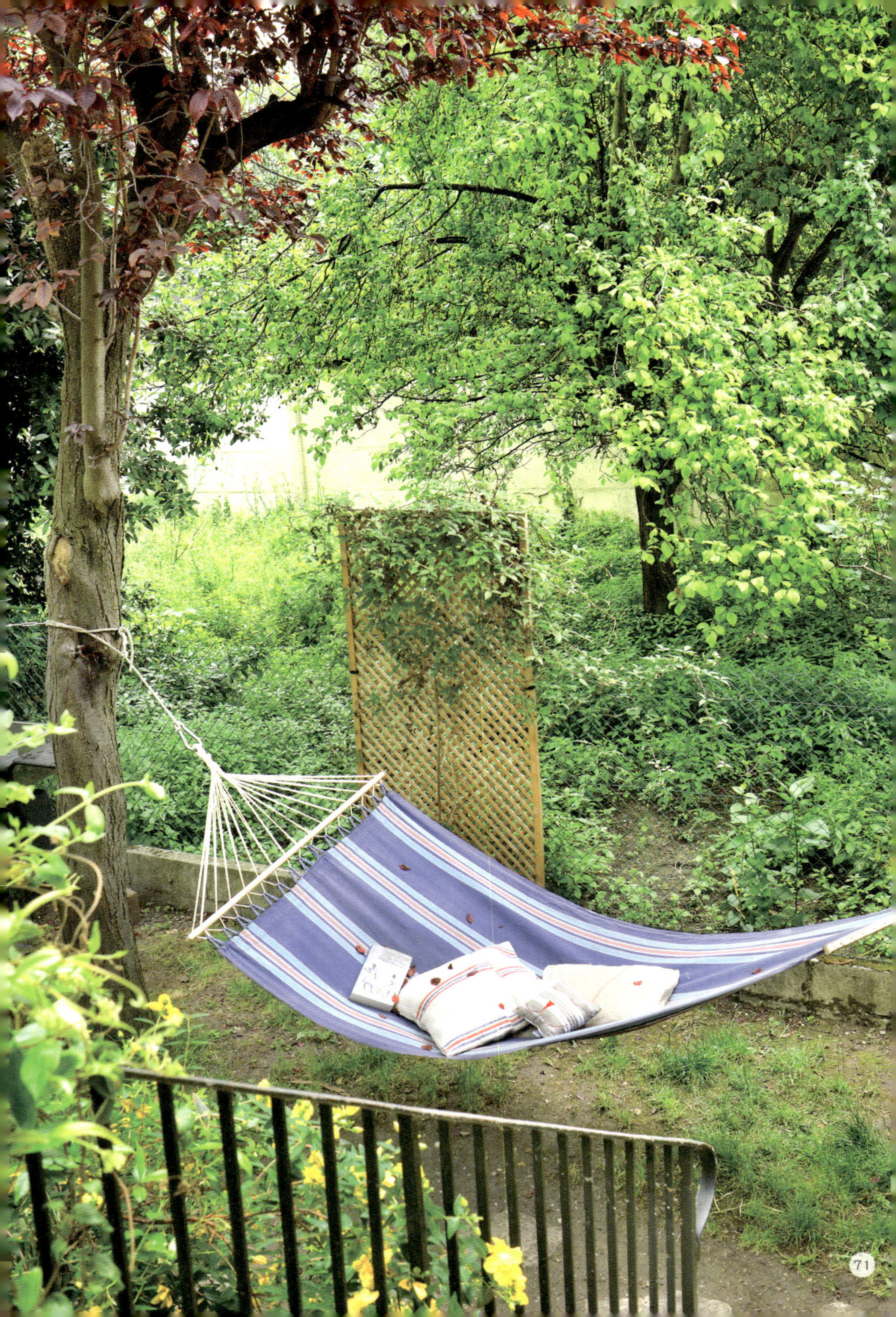

Lili Barbery-Coulon

リリ・バルベリー=クロン
journaliste, blogueuse　ジャーナリスト、ブロガー

緑の中でキラキラ輝く紙ふぶき、楽しいガーデンパーティ

お庭で遊ぶのが大好きなジャンヌは、6歳の女の子。なわとびをしたり、おままごとをしたり、かくれんぼをしたり、かたつむりや小さな昆虫を探すのもお気に入りの遊びです。今日は、お友だちを招いてのガーデンパーティ。素敵なデコレーションをしてくれたのは、ジャーナリストで、ブログ「マ・レクレアシオン」でも情報発信をしている、お母さんのリリ。お父さんのバスチャンはイラストレーターで、雑誌のアートディレクターとしても活躍しています。一家が暮らすのは、パリ7区にある1800年代はじめに建てられたアパルトマン。鉄製の大きな門扉を開けると、石畳の小道に沿って緑が広がります。美しい建物に囲まれた中庭は、手入れが行き届いていて、ロマンチックな雰囲気。植物は、ガーデニング好きな住人がお世話をしてくれているので、リリやジャンヌもときどきお手伝い。こうしてガーデンテーブルでパーティができたり、小鳥たちがかわいらしい鳴き声を聞かせてくれたりするのも、素敵なお庭のおかげです。

Lili & Jeanne

風車で遊ぶジャンヌ。今日は「ボンポワン」のワンピースとサンダルでおめかし。

かわいいプリントの三角帽子は、「マイ・リトル・デイ」のもの。

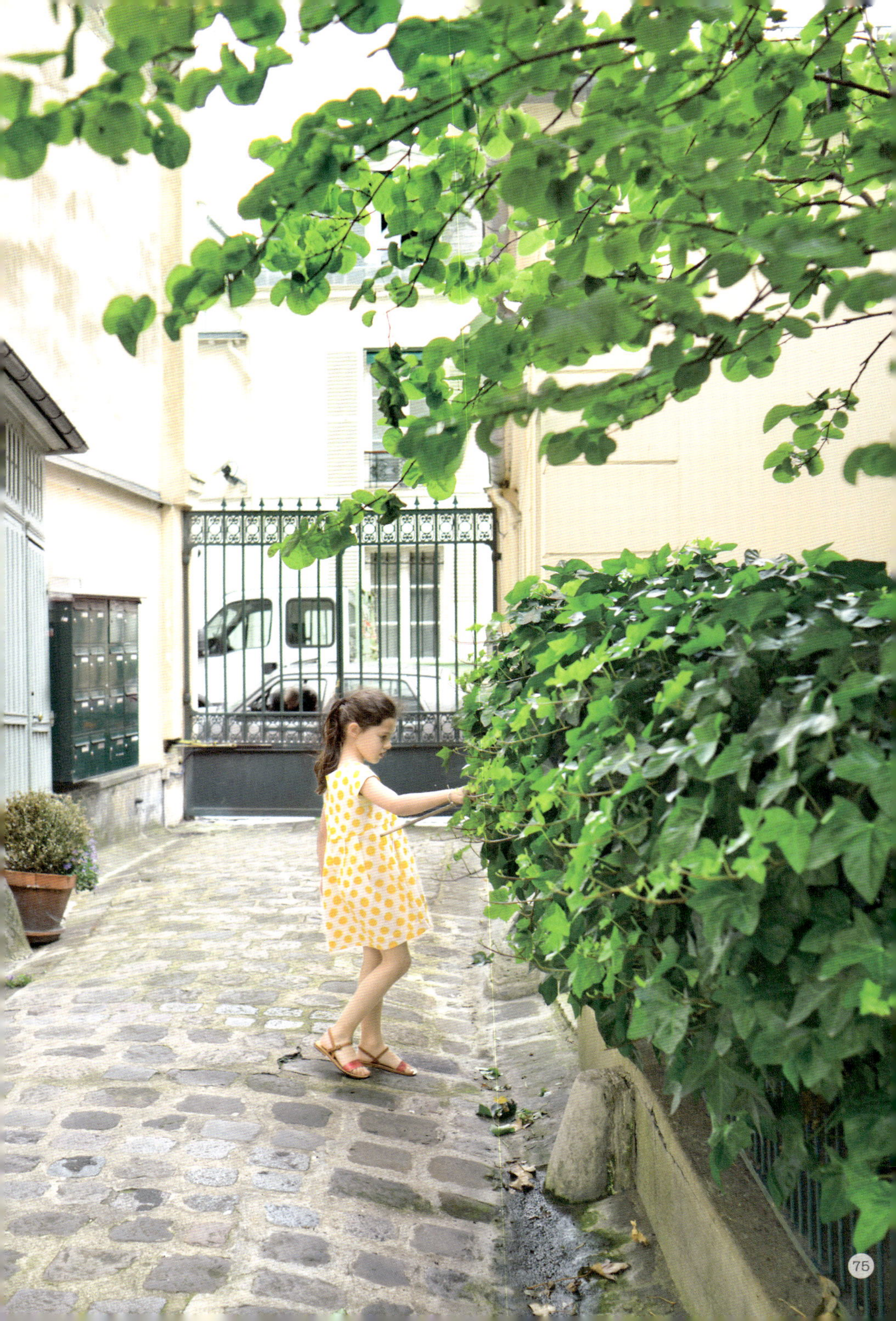

Marion Denizet & Hervé Zylberberg

マリオン・ドゥニーゼ＆エルヴェ・ジルベルグ

architecte & docteur　建築家＆医者

Sarah & Marion

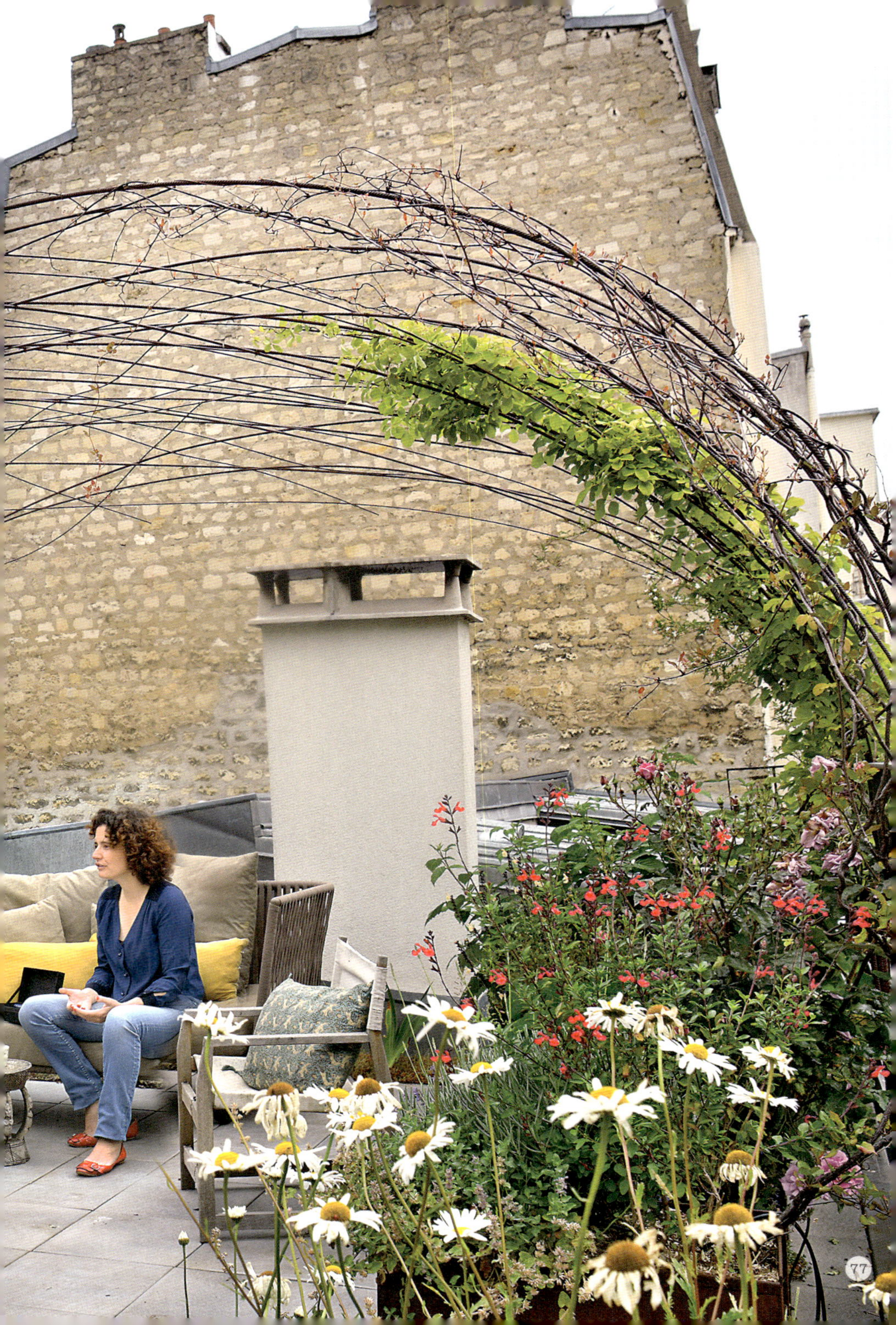

モダンなルーフテラスは、パリの空に浮かぶ緑のオアシス

パリの空に浮かぶ緑のオアシスのような、素晴らしいテラス。イスに腰かけて、おしゃべりを楽しんでいるふたりが、都市にいながら自然を満喫できる素敵な環境を作り出した、建築家のマリオンとランドスケープ・アーキテクチャーのサラです。ここは、歴史ある建物が多く建ち並ぶ、パリ17区のゆったりとした雰囲気の住宅地。3人の子どもたちを生んだあとに建築を学び、「アトリエ・アーシテクチュア・シチュエ」を立ち上げた、マリオン自らがデザインした、家族の住まいです。お庭を作っていくときに、マリオンを助けてくれたのが、「ドゥ・ラ・プリュム・ア・ラ・ベシュ」のサラとスティーヴン。2014年に発表して話題を集めた「ラ・カバン・ポリポード」をマリオンの庭にも取り入れました。そのフレームをつたいながら、バラやジャスミン、ハニーサックルなどが伸び上がっていきます。まるでコンテンポラリーアートのような天蓋の下で食事を楽しむなど、リラックスした時間を過ごすのが、家族みんなのよろこびです。

Marion, Julie, Héléa, Judith & Hervé

ひなたぼっこをしているジョジョをはじめ、3匹のねこたちもお庭を自由に行き来しています。

テラスに敷き詰めたセメントタイルは、自由に組み変えることができるので、植物の成長にあわせてリフォームも簡単。

動物フィギュアで、サバンナごっこをして遊ぶエレア。

79

地上階にあるテラスも「ドゥ・ラ・プリュム・ア・ラ・ベシュ」との共同プロジェクト。

森で見つけて移植したブレアジギタリス。

日陰でもよく育つ、オルレア・グランディーフローラ。

太陽の光をたくさん浴びるように垣根仕立てにして育てている、りんごの木。

お庭の片隅には、コンポストも設置して、豊かな土を作っています。

ガーデンテーブルでくつろぐジュリアとエレアのそばには、ねこのティグリも。荒れ放題だったお庭に、石畳や古材など個性的な素材を取り入れて、いまではリビングの一部として楽しめる素敵な空間になりました。

Alexandra Chevallereau

アレクサンドラ・シュバルロー

co-fondatrice, créatrice de Georges et Rosalie
「ジョルジュ・エ・ロザリー」デザイナー

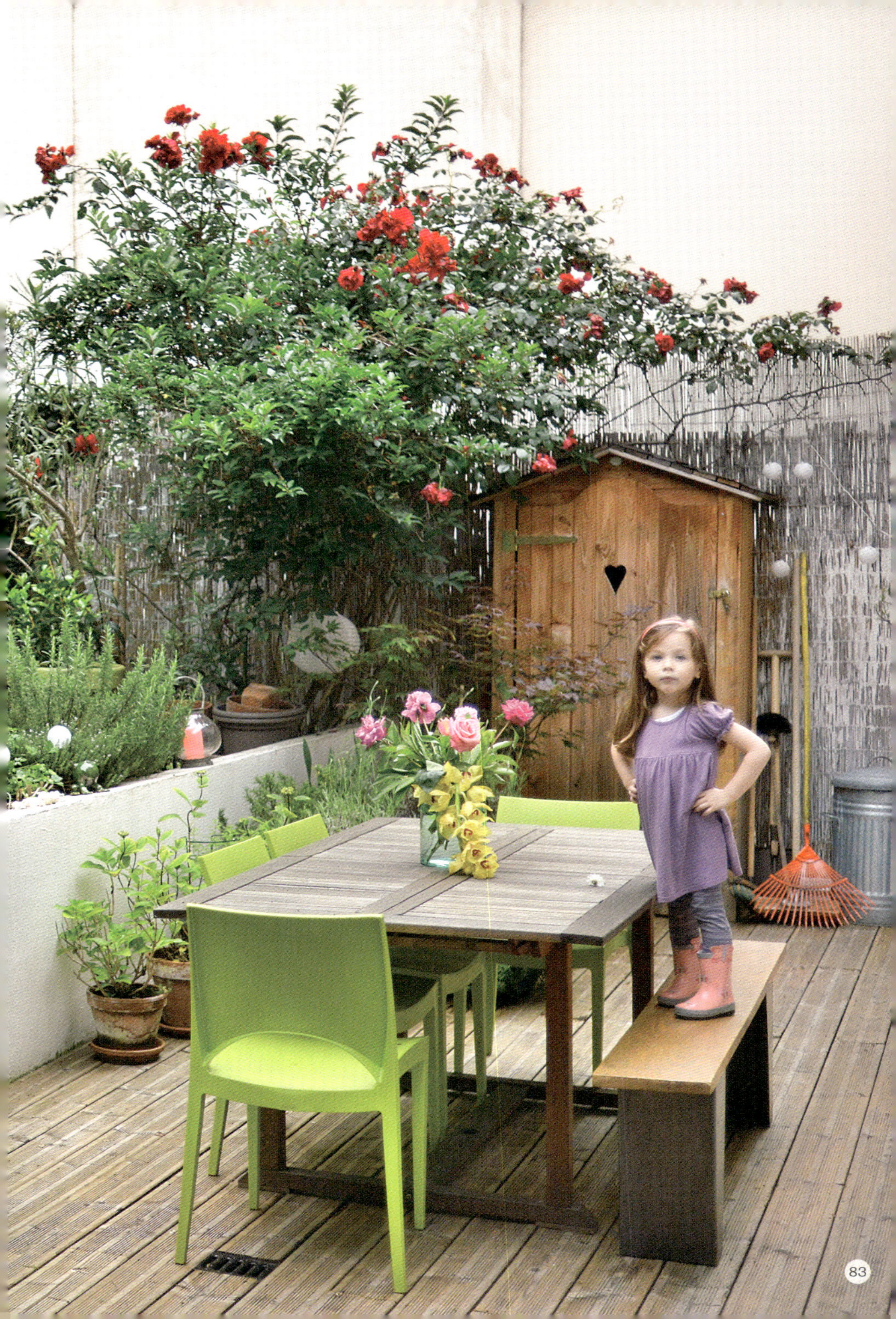

ささやかな家族のしあわせを分かちあう、笑顔の庭

「マーガレットを摘んで、毎日ママに小さなブーケを贈るの」というかわいらしいブリュンヌが案内してくれたお庭は、パリ11区バスティーユにあるモダンなアパルトマンのバックヤード・ガーデン。インターネットのマーケティングのお仕事をしているお父さんのジュリアンと、雑貨ブランド「ジョルジュ・エ・ロザリー」を友だちのセヴェリンヌと一緒に立ち上げ、デザイナーとして活躍する、お母さんのアレクサンドラ、家族3人で暮らしています。お引っ越しを考えて、このアパルトマンをはじめて見にきたときのことが、いまでも忘れられない素敵なお庭の思い出。前に住んでいた友人家族の娘さんが、お庭にある小屋をデコレーションして歓迎してくれたので、ブリュンヌは大よろこびで、ずっと遊んでいました。いま小屋の軒先を飾るのは「ジョルジュ・エ・ロザリー」のガーランド。テラスのテーブルでお食事をしたり、家族みんなでガーデニングをしたり、お庭があることで毎日の暮らしが、より楽しいものになっています。

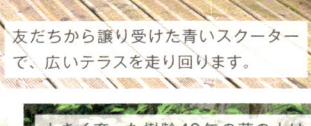

Alexandra & Brune

友だちから譲り受けた青いスクーターで、広いテラスを走り回ります。

大きく育った樹齢40年の藤の木は、お庭のスター。春には香り高い花をたくさん咲かせます。

ハート型の窓がレトロでかわいい小屋には、ガーデニング用品を入れて。

バリ島から持ち帰ったバスケット。

母の日に贈られたランの花と、マルシェで見つけたピンクのシャクヤクをブーケにして。

あじさいの前にあるイスは、アレクサンドラが子どものころから持っているもの。

87

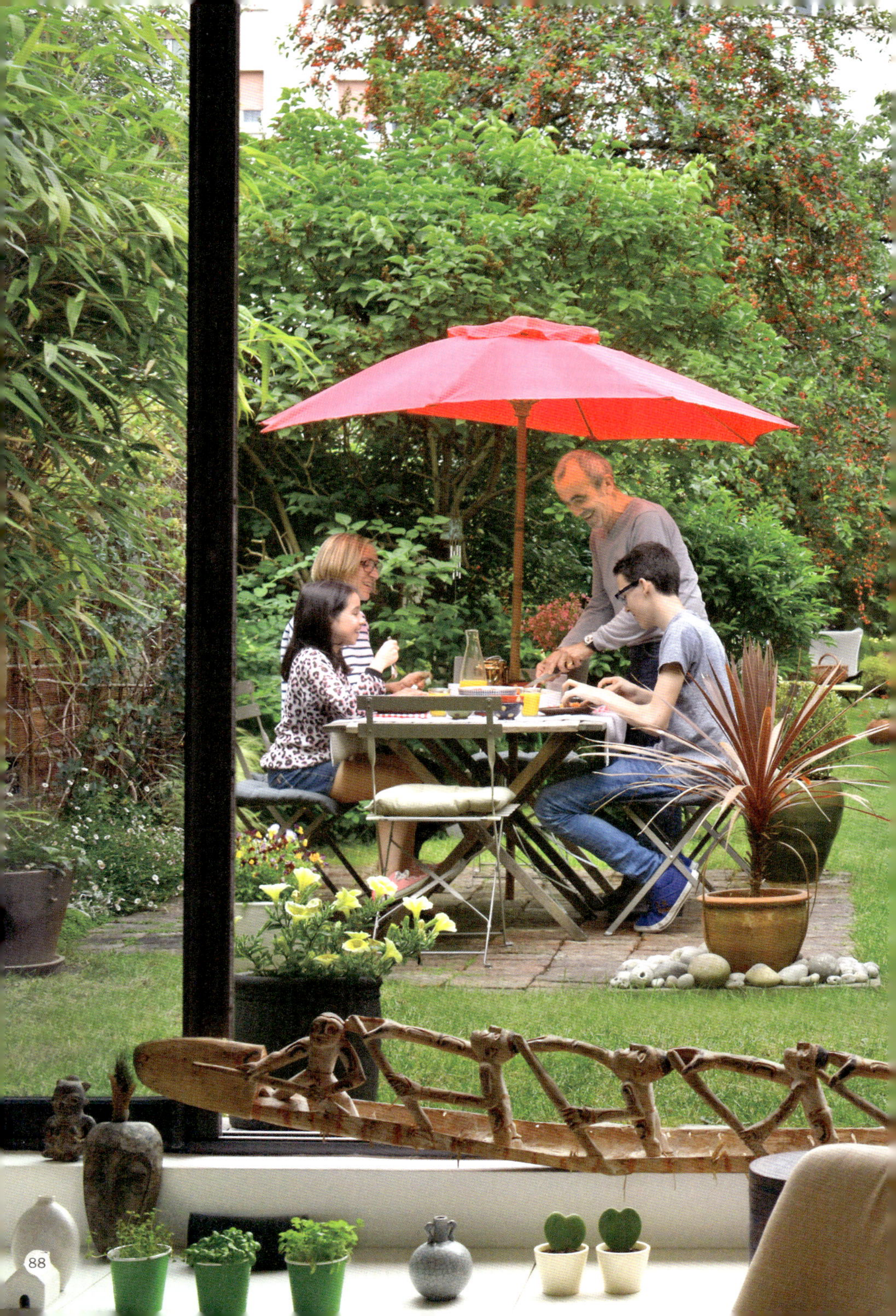

Annabelle Brietzke & Yves-Marie Pinel

アナベル・ブリエッケ&イヴ=マリー・ピネル

graphiste & artiste　グラフィックデザイナー&アーティスト

Céleste, Annabelle, Yves-Marie & Augustin

絵本の中から抜け出したよう、ハッピーサプライズの庭

かわいらしいまっ赤なさくらんぼが実る季節にお庭に招いてくれた、グラフィックデザイナーのアナベルと、アーティストのイヴ＝マリー。パリ東部の郊外の町モントルイユにある、広いお庭付きの一軒家に、オーギュスタンとセレーストと、そしてうさぎのキャロットと一緒に暮らしています。ここに引っ越してきたときからあった2本の桜とリラの木などはそのままに、いくつかの植物を加えたり、拾い集めた古いれんがでテラスを作ったりして、お庭を完成させたふたり。小石を敷き詰めた小道を行くと、お庭の奥には2階建てのアトリエもあります。自分たちで育てたフルーツや野菜を収穫して、食べることができるのはお庭を持つ魅力のひとつ。春や夏、戸外で過ごす気持ちのよい時間はもちろん、紅葉の秋や雪が降る冬も素敵な景色で、お庭は家族を楽しませてくれます。セレーストの10歳の誕生日は、雪でまっ白になったお庭がサプライズ・プレゼントに。翌日はお友だちを呼んで、雪見パーティに雪合戦も楽しみました。

ランタンは、アメリカのロングアイランドを旅したときのおみやげ。

まっ赤なさくらんぼは「モンモランシー」という品種。

もう1本の桜の品種は「ナポレオン」。すこし白が混ざったような色の実をつけます。

お庭でとれた「モンモランシー」で作ってくれたクラフティ。

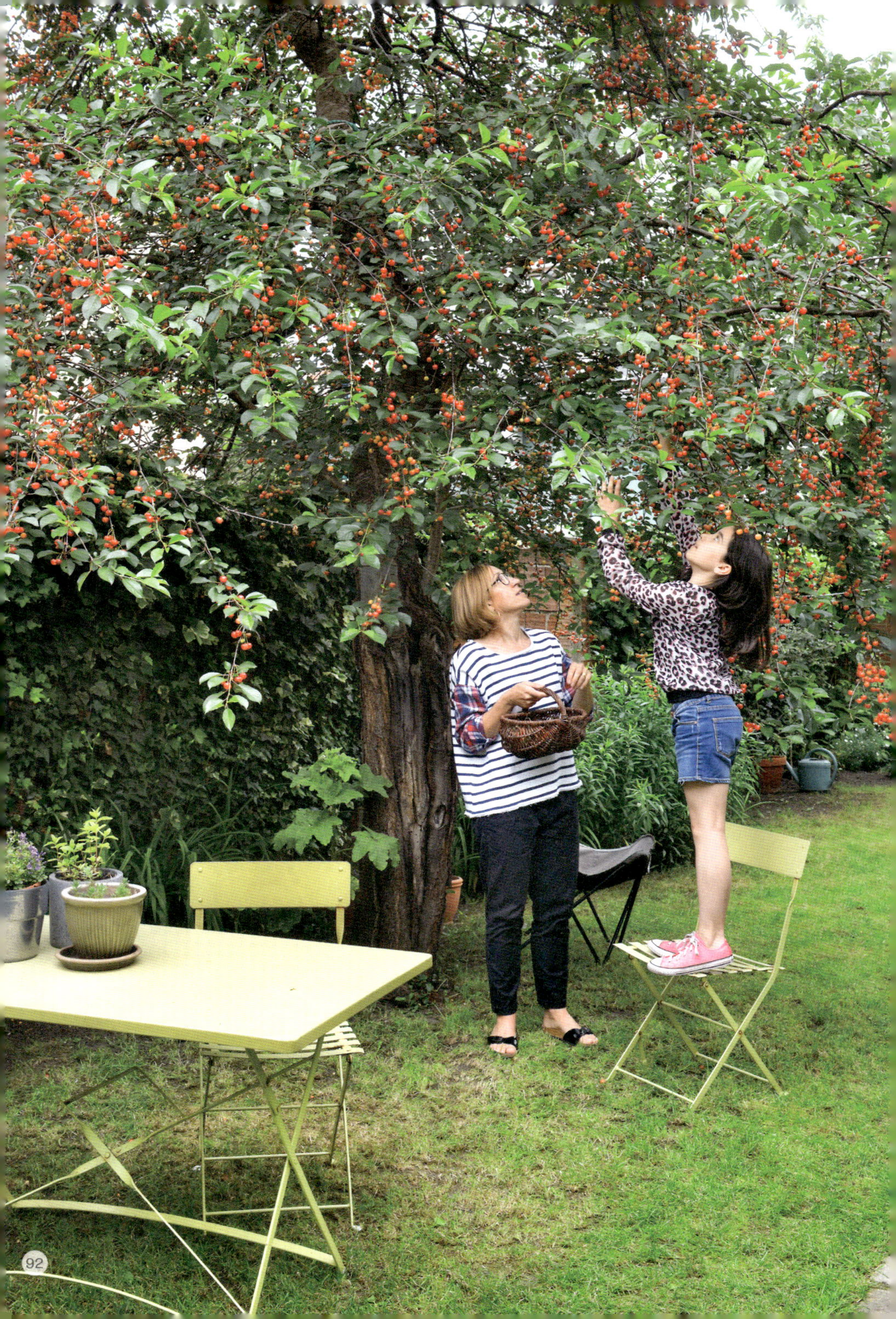

風が吹くと素敵な音を奏でる、ねこのカリヨン。

お庭を自由にお散歩するキャロットは、大好きな野菜や葉っぱをいつでも食べられます。

お庭に向かって大きなガラス窓があるので、家の中にいても自然を身近に感じることができます。

ノルマンディーの海岸で拾った小石を連ねたガーランド。

ガーデニング好きのためのパリガイド
Adresses Parisiennes pour les Amoureux du Jardin

この本に参加してくれた、ガーデニング好きのパリジャンたちに聞いた、パリのおすすめのスポットを訪ねました。緑豊かでゆっくりと時間が過ごせる公園や散歩道、そして手入れの行き届いた美しい庭園は、旅の途中のリフレッシュにおすすめです。そして園芸店はあまり多くないというパリでも、とっておきのガーデニングツールと出会えるショップを紹介してもらいました。植物の苗や種を日本へと持ち帰ることはできませんが、素敵なデザインの道具を使ったり、オブジェをお庭に取り入れたりして、パリ風のお庭づくりを楽しみましょう。

データは2014年9月出版時のものです。掲載情報が変更になる可能性もありますので、ご了承ください。

JARDIN

ル・ジャルダン・デ・プラント
Le Jardin des Plantes

パリ5区にある、季節の花があふれる素敵な「ル・ジャルダン・デ・プラント」は、いつ訪れても美しく手入れされていて、お散歩するのに気持ちのいい植物園。23ヘクタール以上もある広大な敷地には、トロピカルな植物が育てられている温室や、子どもたちが大好きな動物園、そして国立自然史博物館も。芝生のまん中に設置された彫像は、1739年に庭園管理官となった植物学者のビュフォン伯。庭園を訪れる人々を見守ってくれているようです。

Le Jardin des Plantes
57, rue Cuvier 75005 Paris
毎日オープン
Summer : 7:30am - 8:00pm
Winter : 8:00am - 5:30pm
www.jardindesplantes.net

上：ルイ13世の時代に、王立薬草園として生まれた植物園。園内の植物のお世話をするスタッフたちの姿を見ているのも楽しいひととき。中：大広場近くに建ち並ぶ、アールデコ・スタイルの美しい温室。左下：かわいらしい見た目の小屋は、ガーデニング用品の道具入れ。中下：「アルプス園」内の植物に添えられた金属プレートには、名前や採取された場所などの情報が刻印されています。

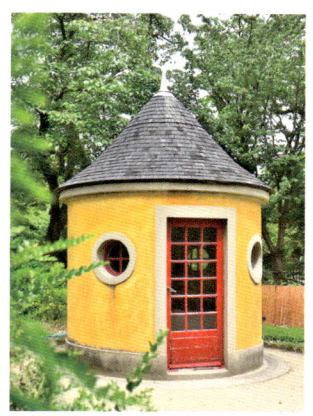

トンネルを抜けると、一瞬にして山岳地方にやってきたかのよう。「アルプス園」では、世界中から集められた高山植物が育てられています。

ラ・プロムナード・プランテ
La Promenade Plantée

「オペラ・バスティーユ」の建物のうしろからはじまり、東側のパリ市境まで4.5キロに渡る緑の散歩道「ラ・プロムナード・プランテ」。1969年以降、使われなくなった鉄道の敷地が緑豊かに生まれ変わり、パリジャンたちの憩いの場所になっています。ランドスケープ・アーキテクチャーのフィリップ・マチューとジャック・ヴェルジュリーがデザインした遊歩道から眺めるパリは、いつもとちょっと違う雰囲気。のんびりとお散歩を楽しみましょう。

La Promenade Plantée
12ème Paris
毎日オープン
平日 Summer : 8:00am - 9:30pm
　　 Winter : 8:00am - 5:30pm
週末 Summer : 9:00am - 9:30pm
　　 Winter : 9:00am - 5:30pm
www.promenade-plantee.org

PROMENADE

左上：緑のトンネルをくぐるときは、さわやかな香りに深呼吸。左中：みつばちたちのための小屋。右上：きれいに整備された小川を流れる水のせせらぎを感じて。左下：鉄道跡地のおもかげを感じさせるトンネルがあちこちに。周辺には、ユニークなデザインの建物も多いので、散策途中にはいろいろな出会いがあります。右下：線路跡に残されたトロッコ。

JARDIN

ル・ジャルダン・デュ・ミュゼ・ドゥ・ラ・ヴィ・ロマンティック
Le Jardin du Musée de la Vie Romantique

パリ9区の静かな住宅地の中、木々に囲まれた小道を抜けると、1820年築の「シュフェール・ルナン館」にたどりつきます。ジョルジュ・サンドやショパン、ドラクロワなど才能あふれる作家が出入りした、ロマン派ゆかりの邸宅を利用した「ミュゼ・ドゥ・ラ・ヴィ・ロマンティック」は、その美しい庭園とあわせてゆっくり楽しんでほしい場所。バラをはじめ、ライラックやあじさいなど花たちに囲まれる、温室を利用したサロン・ド・テで過ごすひとときも素敵。

Le Jardin du Musée de la Vie Romantique
Hôtel Scheffer-Renan
16, rue Chaptal 75009 Paris
火-日：10:00am - 6:00pm
ww.vie-romantique.paris.fr

左上：夏のあいだに用意される、テラス席での気持ちのいいティータイムもおすすめ。右上：ロマン派の世界へ誘うのは、香り豊かなバラの花。右下：館内には、この邸宅に暮らした画家のアリィ・シェフェールの作品をはじめ、ジョルジュ・サンドに関するコレクションも豊富に展示されています。

PARC & JARDIN

ル・パルク・ドゥ・ベルヴィル
Le Parc de Belleville

お天気のよい日には、エッフェル塔やパンテオン、ノートルダム寺院まで見渡すことができる「ル・パルク・ドゥ・ベルヴィル」。急な坂道を登っていくのは息が切れるけれども、この丘の上からは素敵な眺めを楽しむことができます。お気に入りの場所を見つけて、芝生に座ってひと息つけば、パリジャンたちの仲間入りです。展望台のそばには、入場無料で楽しめる、空気や大気に関する展示をしているメゾン・ドゥ・レール博物館も。

Le Parc de Belleville
47, rue des Couronnes 75020 Paris
毎日オープン
季節によって開園時間は異なります

ル・ジャルダン・カトリーヌ・ラブレ
Le Jardin Catherine Labouré

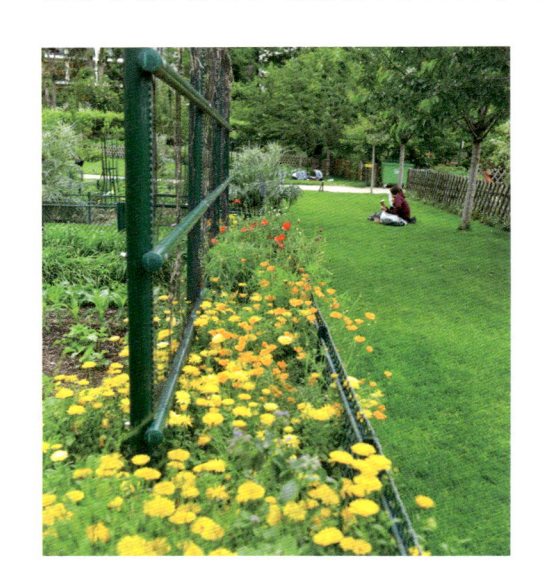

パリの老舗百貨店「ボン・マルシェ」からほど近い場所にある「ル・ジャルダン・カトリーヌ・ラブレ」。石造りの塀に囲まれた、この場所はまさに「秘密の庭」。特にベジタブルガーデンが有名で、さまざまな野菜を育てている様子が見られます。また菜園を管理している団体による、野菜の育て方を教える子ども向けワークショップも行われています。観光やショッピングのあいまに、ぶどう棚の下に置いてあるベンチで、ひとやすみしませんか？

Le Jardin Catherine Labouré
29, rue de Babylone 75007 Paris
毎日オープン 9:00am - 6:00pm

レ・ムーヴェーズ・グレンヌ
Les Mauvaises Graines

モンマルトルの素敵なお庭に招いてくれたガーデナーのダヴィッドによる、花と緑のコンセプトストア「レ・ムーヴェーズ・グレンヌ」。このお店は、ダヴィッドが作り出すオリジナリティあふれるお庭の世界をかいま見ることができるショールームも兼ねています。お庭に取り入れたら楽しそうな古いオブジェは、パリのあちこちのブロカントからやってきた一点物。フランスの野生種の種をはじめ、ちょっとめずらしい植物の鉢植えなども見つかります。

Les Mauvaises Graines
25, rue Custine, 75018 Paris
火 - 土：11:00 am - 7:30 pm
日：11:00 am - 3:00 pm
www.lesmauvaisesgraines.com

BOUTIQUE

左上：壁を飾る鳥型の照明も、店内にあるものはすべて販売しているそう。左中：子どものころから昆虫に夢中という昆虫学者が作っている、ちょうちょの標本が入ったガラスドーム。右上：ダヴィッドの大好きなロックバンドの名前を書いた木箱に、植物の苗をディスプレイ。左下：看板ねこのプチシャは、お店を訪ねてくるお客さんのアイドル。右下：ブロカントでの掘り出し物のキリスト像。

103

Merci
メルシー

ファッション、インテリア、キッチン用品や文房具などの雑貨まで、クリエイティヴなデザインをセレクトする「メルシー」。このお店のシンボル、赤いフィアットが停められた石畳のエントランスには、いつも美しく手入れされた植物が飾られています。そして階段を降りると、お庭に面した場所にレストラン「ラ・カンティン・ドゥ・メルシー」があります。このガーデンフロアでは家庭用品も扱っていて、素敵なデザインのガーデニング用品も揃います。

Merci
111, boulevard Beaumarchais
75003 Paris
月-土：10:00am - 7:00pm
www.merci-merci.com

BOUTIQUE

左上＆右上：さまざまな植物が育てられているお庭。キッチンガーデンもあり、ここで育てられたフレッシュな野菜やハーブを使ったお料理がレストランで楽しめます。右中：ゴッドフロイが手がける「バックサック」もセレクトされていました。左下：レストランのインテリアには、ガーデン家具を取り入れて。右下：2014年春に行われていた「レ・ムーヴェーズ・グレンヌ」のインスタレーション。

ラ・グレヌトゥリー・デュ・マルシェ
La Graineterie du Marché

新鮮な食材を求めてマルシェにやってくる、たくさんの人でにぎわうアリーグル市場。その広場をぐるりと囲むように建ち並ぶお店の一角にある「ラ・グレヌトゥリー・デュ・マルシェ」。店先にかわいらしく並ぶハーブや季節の花々の苗に、目をとめて思わず立ち止まる人も多いよう。店内は色使いもチャーミングな50年代風インテリアで、植物の種やガーデニング用品を扱うほか、さまざまな種類のお米や豆類、シリアルなどを計り売りしています。

La Graineterie du Marché
8, place d'Aligre 75012 Paris
火曜日 - 日曜日

BOUTIQUE

左上：チリやクミンなどのスパイスも計り売り、必要なものを必要な分だけ購入できるうれしいサービス。右上：無造作に積み上げられた木箱も絵になる店内。左中：オーナーのジョゼとのおしゃべりを楽しみにやってくる常連さんも。左下：メッシュ素材のカラフルなバッグは、お庭で活躍しそう。右下：店名はフランス語で「市場の種屋さん」という意味。昔ながらの商店のようなノスタルジーを感じる素敵なお店です。

BOUTIQUE

ヴァリアシォン・ヴェジェタル
Variations Végétales

食料品店やパン屋さんなど小さなお店が並ぶパリ11区のにぎやかなエリアで、ほっと息をつける緑のオアシスが「ヴァリアシォン・ヴェジェタル」。オーナーのイザベルは、以前ガーデニング雑誌で活躍するジャーナリストでした。お花や植物が大好きで、ガーデニングに関する知識も豊富。お店にやってきたお客さんにも、育て方について親切にアドバイスをしてくれます。お店の向かいにある公園、モーリス・ガルデット広場にもぜひ立ち寄って。

Variations Végétales
18, rue du Général Guilhem
75011 Paris
www.variationsvegetales.com

左上：軒先に並ぶいきいきとした苗を見ていると、ワクワクしてきます。右上：イザベルのお店では、植物の苗を主に取り扱っていますが、週替わりで1種類のお花を選んで切り花も販売しています。右下：おうちの中で楽しめる小ぶりの観葉植物も。

BOUTIQUE

ラ・リブレリー・デ・ジャルダン
La Librairie des Jardins

コンコルド広場に近いゲートからチュイルリー公園に入ると、すぐ左手にある「ラ・リブレリー・デ・ジャルダン」は植物や花の専門書店。17世紀に建てられた石造りの店内では、庭づくりのインスピレーションになる写真集や、ガーデニングにまつわる専門書やハウツー本などの実用書、そして子どもたちが自然に親しむきっかけになる絵本まで、幅広いセレクトが楽しめます。植物柄のカードや文房具などの雑貨は、おみやげにもおすすめ。

La Librairie des Jardins
Place de la Concorde, Domaine national
du Louvre et des Tuileries 75001 Paris
月-日：10:00am - 7:00pm

エスパス・ル・プランス・ジャルディニエ・シェ・デイロール
Espace Le Prince Jardinier chez Deyrolle

植物や昆虫の標本をはじめ、動物のはく製などを扱う「デイロール」は1831年から続くパリの老舗店。現代の暮らしの中で、より身近に自然を感じることができるようにと生まれた、ガーデニング用品のブランドが「ル・プランス・ジャルディニエ」です。オーナーは、ロワールにお城を持つブロイユ公爵家の王子。彼がデザインに携わる、機能的でエレガントなガーデニング用品のコレクションには、フランスらしいエスプリが感じられます。

**Espace Le Prince Jardinier
chez Deyrolle**
46, rue du Bac 75007 Paris
月：10:00am - 1:00pm, 2:00pm - 7:00am
火 - 土：10:00am - 7:00pm
www.princejardinier.fr

toute l'équipe du livre

édition PAUMES

Photographe : Hisashi Tokuyoshi

Design : Kei Yamazaki, Megumi Mori

Illustrations : Kei Yamazaki

Textes : Coco Tashima

Coordination : Doris Barbier-Neumeister, Yong Andersson

Conseillère de la rédaction : Fumie Shimoji

Éditeur : Coco Tashima

Responsable commerciale : Rie Sakai

Responsable commerciale Japon : Tomoko Osada

Art direction : Hisashi Tokuyoshi

Contact : info@paumes.com

www.paumes.com

Impression : Makoto Printing System

Distribution : Shufunotomosha

Nous tenons à remercier tous les artistes qui ont collaboré à ce livre.

édition PAUMES　ジュウ・ドゥ・ポゥム

ジュウ・ドゥ・ポゥムは、フランスをはじめ海外のアーティストたちの日本での活動をプロデュースするエージェントとしてスタートしました。
魅力的なアーティストたちのことを、より広く知ってもらいたいという思いから、クリエーションシリーズ、ガイドシリーズといった数多くの書籍を手がけています。近著には「パリのおいしいキッチン」「パリのプチパンのカラフルな暮らし」などがあります。ジュウ・ドゥ・ポゥムの詳しい情報は、www.paumes.comをご覧ください。

また、アーティストの作品に直接触れてもらうスペースとして生まれた「ギャラリー・ドゥー・ディマンシュ」は、インテリア雑貨や絵本、アクセサリーなど、アーティストの作品をセレクトしたギャラリーショップ。ギャラリースペースで行われる展示会も、さまざまなアーティストとの出会いの場として好評です。ショップの情報は、www.2dimanche.comをご覧ください。